국제공동체
화해와
평화의 길

좋은열쇠총서 Deep & Easy ❶

# 국제공동체 화해와 평화의 길

박기갑 지음

좋은열쇠

# 차례

머리말 ································································································· 7

1,000자로 읽기 ······················································································· 8

**제1장 들어가며** ···················································································· 11

**제2장 논의의 토대** ··············································································· 15
    제1절 핵심 용어 ············································································· 17
    제2절 접근 방식 ············································································· 18
    제3절 논의를 위한 힌트 ··································································· 20

**제3장 인간 대 인간 또는 국가 대 국가의 문제** ·········································· 23
    제1절 전쟁 또는 무력충돌 ································································ 26
      I. 국제적 또는 비국제적 무력충돌 ················································ 27
      II. 국가가 자신의 국민에게 일방적으로 반인륜적 행위를 저지른 경우 ········· 29
      III. '무정부 상태의 충돌' 또는 '집단 정체성 옹호'라는 광기의 희생자들 ········ 31

    세2설 불평등 ················································································ 38

**제4장 인간 대 자연 또는 현세대가 미래세대를 위해 풀어야 할 문제** 45
    제1절 기후변화 ·············································································· 47
    제2절 환경의 훼손과 자원의 부적절한 관리의 결과로서의 남용 ··· 61

**제5장 나가며** ······················································································ 69

# Reconciliation and Peace in the International Community

**Ki-Gab PARK**

*Professor emeritus*
*Korea University School of Law*

2025

BONNE CLEF

Seoul, Korea

## 머리말

우리가 살고 있는 지구는 광활한 우주에 떠있는 은하(galaxy) 중심으로부터 약 2만 6천 광년 거리에 있는 태양계의 8개 행성 중 하나이다. 지구에는 인간(homo sapiens)을 포함하여 생물 1500만 종 이상이 서식하고 있지만, 점차 인간의 행위로 말미암아 생태계의 균형이 깨지고 있다. 인류의 역사는 전쟁의 역사라고 해도 과언이 아니며, 경제적으로는 사회적 불평등을 심화시켜 대내외적 갈등을 부추켜 왔다. 이뿐만 아니라 인간의 탐욕과 무분별한 행동으로 말미암아 자연은 훼손되고, 지구상의 모든 동식물을 위험에 빠뜨리고 있다. 비록 우주의 조그마한 별이지만 청색으로 빛나는 아름다운 지구를 조금이라도 되살리고, 미래 세대를 위해서라도 (늦은 것은 아닌지 모르겠지만) 가해자와 피해자간의 화해와 평화의 길을 모색해야 한다. 이 글에서는 '전쟁', '불평등', '기후변화', '자연자원의 훼손과 관리' 등의 네 가지 이슈를 화두로 삼아 나름대로의 해결책을 모색해 보았다.

2025년 9월
박기갑

## 1,000자로 읽기

이 책은 국제공동체의 화해와 평화 달성을 위하여 해결해야 할 주요 문제들을 검토한 것이다. 필자는 검토해야 할 주요 현안으로 재레드 다이아몬드(Jared Diamond)의 저서 『Comparing Human Societies』(한국 출간 제목은 『나와 세계: 인류의 내일에 관한 중대한 질문』)의 제7장("세계가 직면한 중대한 문제들")에 언급된 기후변화(global climate change), 불평등 그리고 환경자원의 관리라는 세 가지에 더하여 무력충돌(전쟁)을 선정하였다.

이 네 가지 현안을 다시 인간 대 인간의 문제로서 '전쟁'과 '불평등'이란 두 가지 주제를 묶고, 인간 대 자연의 문제로서 나머지 두 개 주제인 '기후변화'와 '환경자원의 관리'을 묶어서 논문의 틀을 짰다. 필자가 내린 결론은 다음과 같다.

첫째, 전쟁(국제적 무력충돌과 비국제적 무력충돌)으로 인한 인간 대 인간 또는 국가 대 국가의 갈등은 인류의 역사적 측면에서 볼 때 가장 오래된 갈등이며 위기이다. 그나마 다행스러운 것은 20세기 이후 비록 국지적 전쟁은 그치지 않고 있지만, 국가들이 최대한 전쟁의 폐해를 예방하고 그 결과에 대한 책임 추궁 등 피해자 구제에 노력하고 있다는 것이다.

둘째, 국내적 또는 국제적 불평등 해소는 쉬운 일이 아니다. 하지만 이를 방치할 경우 심각한 사회적 갈등으로 발전하고 경우에 따라서는 전쟁 국면으로 비화할 수도 있다. 따라서 각 국가와 국제사회의 끊임없는 노력과 상호 이해를 통하여야만 비로소 화해와 평화로 가는 길이 열릴 것이라고 보았다.

셋째, 인간 대 자연, 또는 현세대와 미래세대 간의 갈등을 야기시키는 기후변화와 자연자원의 남용과 훼손의 완화문제는 일 국가의 노력만으로 불가능하며 국제공동체의 조화롭고도 장기적인 노력만이 효율적인 해결책이다. 특히 미래세대가 부담할 갈등과 분쟁의 씨앗은 바로 현세대에게 있다는 점을 명심하여 현세대와 국가들은 미래세대를 위한 배려와 적극적인 행동을 더 이상 늦기 전에 해야 한다는 점을 강조하였다. 기후변화와 관련하여 최근 국내 법원과 국제재판소가 내린 판결과 권고적 의견은 그만큼 인류의 공동대처가 늦어지고 있는 데 대한 경종을 울린 것이다.

| 제1장 |

# 들어가며*

---

\* 이 글은 카톨릭대학교 인간학연구소가 발행하는 인간연구 제43호(2021/봄)에 실린 논문을 수정·보완한 것이다.

우리는 때때로 매우 우연히 문학작품, 영화, 그림 등 예술작품에서 심각한 사회과학적 주제에 관한 아이디어를 얻기도 한다. 이 글의 주제가 그러하였다. 필자는 2020년 가을, 예술의전당 한가람디자인미술관에서 열린 퓰리처상 사진전 "Shooting the Pulitzer"을 관람할 기회가 있었다. 전시된 사진의 거의 대부분은 공교롭게도 전쟁, 테러, 난민 그리고 정치·인종·종교적 반목으로 말미암은 희생자와 난민들의 모습을 담고 있었다. 잔혹하거나 참담한 순간을 앵글에 담은 사진들을 보면서 다음과 같은 의문들이 꼬리를 물고 일어났다.

- 과연 이 지구상에서의 진정한 화해와 평화는 어떻게 해야 가능할까?
- 화해와 평화는 어떤 관계인가?
- 반드시 진정한 화해와 사과 또는 사죄(謝罪, apology)가 전제되어야 평화가 달성되는가 아니면 화해 없이도 평화가 가능한가?
- 가해자와 피해자는 반드시 인간 대 인간이어야 하는가? (가령 인간이 자연환경을 파괴시킨 행위에 대한 반성과 책임 추궁은 어떻게 할 것인가?)

| 제2장 |

# 논의의 토대

제1절 핵심 용어
제2절 접근 방식
제3절 논의를 위한 힌트

### 제1절　핵심 용어

이 글의 핵심용어로서 '국제공동체', '화해' 그리고 '평화'의 뜻을 정리한다.

- **'국제공동체'**: '국제공동체'(international community)는 '국제사회'(international society)에 비해 더 발전된 구조를 갖는다. 즉 '공동체' 또는 '공동사회'(독일어: gemeinschaft)에서는 구성원들이 공동으로 추구·달성해야 할 목표가 있기 때문에 그만큼 구성원들 간 결속력이 높은 반면, '이익사회'(독일어: gesellschaft)에서는 각 구성원들의 개별이익이 우선시되기 때문에 그만큼 갈등이 생길 소지가 크다. 전쟁에 호소할 권리와 식민지배가 당연시되었던 19세기에 비해 20세기 중반 이후 침략전쟁을 용납하지 않고, 주권평등원칙이 정착된 오늘날 '국제공동체'란 용어가 '국제사회'보다 더 선호되어야 할 것이다. 하지만 이 글에서는 내용의 문맥에 따라 두 용어를 병용하기로 한다.

- **'화해'**: '화해'(reconciliation)의 사전적 뜻은 "다툼을 멈추고 서로 가지고 있던 안 좋은 감정을 풀어 없앰"으로서 갈등을 해소시킨다는 의미이다. '갈등'은 개인이나 집단이 가지고 있는 두 가지 이상의 목표나 동기, 정서가 서로 충돌하는 현상을 일컫는다. '화해'를 좀 더 법적으로 말하면 "당사자가 서로 양보하여 당사자 간의 분쟁을 종지(終止)할 것을 약정함" 등이다. 이러한 뜻풀이를 따른다면 '화해'는 일방적이 아닌 쌍방적 합의에 가까우며 상호주의(reciprocity)를 근간으로 이루어질 수 있다.

물론 피해자가 일방적으로 가해자에게 화해를 제안하거나 용서를 하는 방식으로 화해가 일방적 행위의 성격을 띨 수도 있다. '용서'는 두말할 것 없이 피해자의 처분 영역이다.

- **'평화'**: '평화(peace)'는 그 자체를 상태로 볼 것인지 아니면 추구해야 할 이념으로 봐야 할 것인지 여부에 따라서 철학적·사회학적 논쟁으로 번질 수 있다.

## 제2절 접근 방식

"국제공동체의 화해와 평화의 길", 이 주제를 다루는 가장 전통적인 설명 방식은 국가를 중심으로 하는 것이다. 21세기 초 현재에서도 국제관계의 중심축은 상당 부분 여전히 국가들에게 있기 때문에 논리적으로 별문제는 없다고 본다. 이러한 설명 방식에 따르면, 가해자인 국가와 피해자인 국가 상호간의 관계, 한 국가 영역에서 내전이 발생하는 경우에는 중앙정부와 반란단체 또는 반란단체 상호간의 관계, 그리고 한 국가 영역에서 중앙정부 또는 초헌법적인 상황, 즉 쿠데타로 정권을 잡는 과정에서 피해자가 발생하는 상황 등을 염두에 두고서 각 상황에서 최대한 실체적 진실을 밝히고 가해자의 처벌 및 화해 문제를 다루게 될 것이다.

**"국제공동체의 화해와 평화의 길"을 충실히 다루기 위해서는 논의의 범위를 인간과 인간 내지는 국가와 국가의 관계는 물론, 인간과 자연의 관계에까지 넓혀야 한다.**

그러나 다른 한편, 위와 같은 설명 방식에만 집착한다면 21세기 현재 국제사회에서 발생하는 모든 갈등과 분쟁 상황을 포섭하지 못할 수 있다. 이 주제를 충실히 다루기 위해서는 논의의 범위를 인간과 인간 내지는 국가와 국가의 관계는 물론, 인간과 자연의 관계에까지 넓혀야 한다고 본다. 왜냐하면 합리적 지혜를 외면한 인간의 오만으로 빚어진 지구의 환경파괴와 훼손에 대한 화해와 평화의 길은 없는지 물어야 하기 때문이다. 혹자는 이러한 필자의 의도가 자의적이며, '화해'라는 사전적 뜻과 일치하지 않는다고 비판할 수도 있다. 그러나 자연이 기후변화와 감염병의 대유행 등을 통해서 가해자인 인간에게 받은 만큼 돌려주고 있다는 주장에 설득력이 있음을 인정한다면 필자의 설명 방식은 논리적 비약은 아닐 것이다. 가령 2020년 5월과 6월에 최종현 학술원과 중앙일보가 공동 개최한 웨비나 강연들을 책으로 묶은 『코로나 19: 위기·대응·미래(과학편)』(2020, 이음)에 다음과 같은 문구가 나온다.

"코로나 바이러스 감염 재앙은 인간의 이기심이 초래한 필연적 결과라는 사실을 받아들여야 한다... 도시화와 인구 밀집, 가축의 대량 사육, 항생제 남용, 생태계 파괴, 기후변화 그리고 세계화에 따른 빈번한 이동 등이 덧붙어서 인류는 감염병과 함께 살아갈 수밖에 없는 상황이 된 것이다."

필자는 이 글에서 "인간 대 인간", "인간 대 자연"이라는 이분법적인 설명과 분석을 통하여 현세대 상호간의 화해와 평화 추구뿐만 아니라, 현세대가 야기한 사태 때문에 미래세대가 화해와 평화를 찾지 못한 채 또 다른 분쟁과 고통의 희생자로 전락하지 않도록 해야 한다는 점을 강조하고 싶다.

### 제3절  논의를 위한 힌트

이 주제를 다룸에 있어서 필자는 우리나라에도 『총,균,쇠』로 잘 알려진 석학 재레드 다이아몬드(Jared Diamond, 미국 UCLA 지리학과 교수)의 저서 『Comparing Human Societies』(한국 출간 제목은 『나와 세계: 인류의 내일에 관한 중대한 질문』)의 제7장("세계가 직면한 중대한 문제들")을 논의의 출발점으로 삼았다. 이 부분에서 이 글의 주제 검토에 도움이 되는 힌트를 얻었기 때문이다. 이 책은 Jared Diamond 교수가 이태리 로마 Libera Universita Internationale degli Studi Sociali Guido Carli(LUISS)에서 행한 7회의 강연을 기초로 구성된 총 244쪽 분량이다. Jared Diamond 교수는 2005년 영국의 프로스펙트와 미국의 Foreign Policy에서 공동 선정한 "세계를 이끄는 최고의 지식인" 중 아홉 번째 인물이다. 전미과학상, 타일러 환경공로상, 일본 코스모스상, 록펠러 대학이 수여하는 루이스 토마스상을 수상하였다. 대표적 저서에는 퓰리처상을 받은 『총,균,쇠』를 포함하여 『어제까지의 세계』, 『문명의 붕괴』 등이 있다. 『나와 세계: 인류의 내일에 관한 중대한 질문』은 모두 7개 장으로 구성되어 있다.

- 제1장: 왜 어떤 국가는 부유하고 어떤 국가는 가난한가?
- 제2장: 제도저 요인이 국가의 빈부에 미치는 영향
- 제3장: 중국은 세계 1위가 될 수 있는가?
- 제4장: 개인의 위기와 국가의 위기는 어떻게 다른가?
- 제5장: 위험 평가: 전통사회에서 우리는 무엇을 배울 수 있을까?
- 제6장: 건강하게 삶의 질을 유지하며 오래 사는 법
- 제7장: 세계가 직면한 중대한 문제들

위 책은 분열된 세계에서 사회적 융합과 공동체 가치를

추구하는 길이 무엇인지에 대하여 나름대로의 답을 제시하고 있다. 제7장 "세계가 직면한 중대한 문제들"에서 Jared Diamond 교수는 특히 기후변화(global climate change), 불평등 그리고 환경자원의 관리 등 세 가지를 선택하여 구체적으로 검토하고 있다. 이 세 가지 문제 모두 경제, 사회, 정치적인 면과 밀접한 관련성이 있으므로 힘을 합쳐 해결책을 모색해야 한다고 주장한다. 필자는 Jared Diamond 교수의 주장에 전적으로 동의하면서, 여기에 '무력충돌'(전쟁)을 추가하였다. 무력충돌은 국제사회의 전통적이면서도 반드시 언급을 해야 할 이슈이기 때문이다. 그리하여 필자는 인간 대 인간의 문제로서 '전쟁'과 '불평등'이란 두 가지 주제를, 그리고 인간 대 자연의 문제로서 나머지 두 개 주제인 '기후변화'와 '환경자원의 남용'을 묶어 논의를 전개할 것이다.

> **인간 대 인간의 문제로서 '전쟁'과 '불평등', 그리고 인간 대 자연의 문제로서 '기후변화'와 '환경자원의 남용'을 묶어 논의를 전개할 것이다.**

# 제3장

# 인간 대 인간
## 또는
## 국가 대 국가의 문제

**제1절 전쟁 또는 무력충돌**
**제2절 불평등**

인류는 부족사회를 거쳐 정치적 집단인 국가체제를 이루었으며, 국가는 자신의 국민을 동원하여 전쟁을 일삼았다. 오늘날 침략전쟁은 불법화되었지만 지구 곳곳에서는 여전히 국제적·비국제적 전쟁(무력충돌)으로 인한 가해자와 피해자가 생겨나고 있다. 2022년 2월 러시아의 우크라이나 침공, 2023년 10월 팔레스타인의 무장단체 하마스가 이스라엘 영토에 침입하여 천 명 넘는 민간인을 무차별 살상하였고, 그에 대한 보복으로 이스라엘이 팔레스타인 가자지구를 공격하여 대규모 사상자를 낳은 전쟁이 대표적인 최근 예이다. 이와는 별도로 국가 간 부(富)의 차이에 따라 개인은 자신의 의지와 무관하게 불평등과 차별로 인하여 고통을 받기도 한다. '전쟁'의 참화와 '불평등'으로 왜곡된 현실에서 화해와 평화는 과연 어떻게 모색될 수 있을까?

세부적인 설명에 앞서 2025년 미국 트럼프 대통령이 취임

하자마자 야기한 '무역전쟁' 또는 '관세전쟁'은 비록 '전쟁'이란 표현이 들어있지만, 이 글에서 다루는 전쟁 즉 무력충돌(armed conflicts)의 형태는 아니다. 1990년대 세계무역기구(WTO)가 설립되면서 세계는 자유무역협정(FTA) 체결을 통한 자유무역, 무관세가 대세였지만, 트럼프 행정부가 들어서면서 이러한 자유무역체제를 일거에 무너뜨린 것이다. 이로 말미암아 세계경제질서는 자국 이익 추구만 앞세우는 약육강식과 같은 상황이 되어 버렸는데 이러한 상황은 이 글에서 다룰 '불평등'이라는 주제와 더 관련이 있을 것이다.

### 제1절 전쟁 또는 무력충돌

Yuval Noah Harari의 저서 『Sapiens』에 따르면, 인간(호모 사피엔스)은 고대 수렵채집사회에서 굶주림, 추위 그리고 야생동물의 공격으로부터 살아남기 위해 집단을 이루기 시작했다고 한다. 호모 사피엔스가 집단을 이루고 난 후 역사는 부족 대 부족, 그리고 국가체제가 성립된 후에는 국가 대 국가의 무력충돌 현상으로 점철되었다. "화해와 평화의 길"이라는 주제를 인간 상호관계를 규율하는 법적 시각에서 보면 어디까지나 인간이 다른 인간, 또는 인간 집단이 다른 인간 집단에 저지른 폭력이 남긴 결과를 처리하여 원상회복시키는 과정을 생각하게 된다. 이하에서는 국가 또는 정치적 집단이 저지르는 폭력행위를 ①국제적 또는 비국제적 무력충돌, ②국가가 자신의 국민에게 일방적으로 반인륜적 행위를 저지른 경우, ③'무정부 상태의 충돌' 또는 '집단 정체성 옹호'의 세 가지 형태로 나누어 살펴본다.

## I. 국제적 또는 비국제적 무력충돌

인류의 역사에서 가장 흔한 소재는 전쟁(무력충돌)과 전후처리 문제일 것이다. 일반인들에게는 '전쟁'(war)이라는 용어가 익숙할 것이나, 국제법에서는 제2차 세계대전 이후 '무력충돌'(armed conflicts)이라는 용어를 사용한다. 그 이유는 무력충돌이 전쟁에 이르지 아니한 무력사용 형태까지 포함하기 때문이다. 무력충돌은 국가 간의 전쟁을 일컫는 '국제적 무력충돌'과 한 국가 내부에서 발생하는 내전 또는 내란(civil war)을 일컫는 '비국제적 무력충돌'로 구분할 수 있다.

국제법에서는 무력충돌시 적대행위에 가담하지 않거나 (민간인) 더 이상 가담할 수 없는 사람들(포로, 부상병 등)의 보호 및 전쟁의 수단과 방법의 제한을 모색하는 규칙들로 구성된 국제인도법(international humanitarian law)이 적용된다. 이 법체계의 목적은 가능한 한 많은 전쟁희생자를 보호하고 원조함으로써 전쟁에 기인한 고통을 경감시키고 전투의 수단과 방법을 제한하는 데 있다. 이러한 메커니즘이 작동되지 않는다면 가해자와 피해자 또는 교전자 상호간에는 시차를 두고 상대방의 반발이 발생하는 악순환이 반복되며, 그로 말미암아 종국적인 평화를 이루기 더욱 어려워진다. 가령 제1차 세계대전(1914~1918)에서 독일과 연합군이 서로 사용한 독가스, 무차별·무제한 잠수함 작전, 그리고 최초의 공중폭격으로 인한 피해자의 숫자는 날이 갈수록 급증하였다. 제2차 세계대전(1939~1945)에서는 민간인과 군인의 사망자 숫자가 비슷하였으며, 한국전쟁(1950~1953)과 베트남 전쟁(1955~1975) 등에서도 인명 피해가 더욱 늘어났다.

> **국제법에서는 무력충돌시 적대행위에 가담하지 않거나(민간인) 더 이상 가담할 수 없는 사람들(포로, 부상병 등)의 보호 및 전쟁의 수단과 방법의 제한을 모색하는 규칙들로 구성된 국제인도법이 적용된다.**

## II. 국가가 자신의 국민에게 일방적으로 반인륜적 행위를 저지른 경우

인류의 역사를 보면 한 국가의 중앙정부가 자국민을 탄압하여 심각한 대규모로 인권을 유린하거나, 초헌법적 쿠데타와 정권이 바뀌는 과정에서 또는 소수민족을 핍박하는 과정에서 다수의 피해자가 발생하는 사례를 볼 수 있다. 가령 1930년대 중반부터 1945년까지 유럽의 홀로코스트 희생자에는 독일 히틀러 정권에 의한 독일 국적의 유태인도 포함되어 있다. 구소련의 스탈린 독재하에서는 강제수용소(Gulag), 1970년대 캄보디아의 킬링필드 그리고 현재 북한의 정치범 수용소 등등 그 예는 불행하게도 많다. 과연 국제사회는 이와 같은 과거, 현재 그리고 미래의 피해자들에게 보호와 구제를 위하여 개입할 수 있는 여지가 있을까? 아니면 이는 선적으로 국내법과 국내정치에 일임되는 문제일까?

한 가지 확실한 점은 이러한 참혹한 상황에서도 인간의 생명권과 신체의 자유와 안전 등 국제인권법(international human rights law)의 핵심적 권리 보호에 관한 원칙과 규정은 각국의 국내법과 정치체제와는 무관하게 마땅히 적용되어야 한다는 것이다. 국제인권법은 국가의 국경선을 넘

> **국가의 국민에 대한 반인륜적 상황에서도 인간의 생명권과 신체의 자유와 안전 등 국제인권법은 각국의 국내법과 정치체제와는 무관하게 마땅히 적용되어야 한다.**

어 인간의 기본적 권리를 보호하고 증진하는 것을 목표로 하며 평화시와 전시에 모두 적용되는 법체계이기 때문이다. 인간의 기본적 권리는 각국의 헌법에 명시된 기본권뿐만 아니라 「세계인권선언」(1948), 「유럽인권협약」(1951) 및 1966년 두 개의 유엔 인권규약 즉, 「시민적 및 정치적 권리에 관한 국제규약」과 「경제적·사회적 및 문화적 권리에 관한 국제규약」 등에서 규정하고 있다.

아울러 20세기 초 아르메니아인의 학살행위와 제2차 세계대전 당시 유태인의 집단학살에 충격을 받은 국제사회는 '인도에 반한 죄'(crimes against humanity)를 국제조약에 명문화하였다. 특히 「국제형사재판소에 관한 로마규정」(1988) 제7조에 따르면, 이 죄는 국가나 국가 조직의 정책에 따라 민간인 주민에 대하여 살해, 절멸, 노예화, 추방 또는 강제이주, 신체적 자유의 불법적 박탈 등 광범위하거나 체계적인 공격을 포함하고 있다. 인도에 반한 죄를 범한 자에 대해서는 제2차 세계대전 후 독일 뉘른베르크 전범재판소, 일본 동경 전범재판소 그리고 1990년대 이후 구유고슬라비아 형사재판소와 르완다 형사재판소 등에서 실제 처벌이 이루어졌다. 이에 덧붙여 2014년 유엔 북한인권조사위원회의 최종보고서는 북한 정권에 의한 북한 주민들을 대상으로 하는 인권침해 사태는 인도에 반하는 죄에 해당한다는 결론을 내리고, 유엔 안전보장이사회에 대하여 이 범죄를 저지른 북한의 최고 책임자들을 국제형사재판소에 회부하거나 유엔 특별국제재판소를 설립하라고 권고한 바 있다. 국제정치적 난맥상 이러한 권고는 실행되지 못하고 있지만, 북한 정권에 대한 엄중한 경고와 더불어 향후 처벌 가능성은 항상 열려있다는 것을 보여주고 있다.

### III. '무정부 상태의 충돌' 또는 '집단 정체성 옹호'라는 광기의 희생자들

국가 대 국가의 전쟁 상황의 경우 화해와 평화의 길은 적대국 간 평화조약 체결, 국가배상, 사죄 등 인류의 긴 역사를 통해 어느 정도 정형화되어 있다. 그러나 문제는 새로운 무력충돌 형태인 이른바 '무정부 상태의 충돌'(anarchic conflicts)과 '집단 정체성 옹호'(asserting group identity)를 목적으로 하는 충돌 상황이다. '무정부 상태의 충돌'은 1990년

대 이후 냉전시대가 끝나고 구소련이 해체되는 와중에 힘의 공백이 발생한 세계 도처에서 급격히 고조되기 시작했다. 정치적 혼돈으로 말미암아 한 국가의 조직이 전체적 또는 일부분 약화 또는 와해되는 상황에서(이른바 실패한 국가, failed or failing States) 우후죽순처럼 솟아난 무장세력들이 서로 정권을 쟁취하려고 무력을 사용하여 투쟁하는 시도이며, '집단 정체성 옹호를 목적으로 하는 충돌'은 민족정체성을 유지하기 위하여 다른 집단에 대한 지속적인 왜곡선전, 폭력 및 증오, 더 나아가 '인종청소'(ethnic cleansing)라고 불리는 행위, 즉 피해자인 주민을 강제이주시키거나 말살을 서슴지 않고 자행하기도 한다.

이와 같은 두 가지 상황은 1990년대 초 유럽에서는 구유고슬라비아 해체과정에서, 아프리카에서는 르완다, 소말리아, 수단 등에서는 발생하였다. 끔찍한 폭력은 국가 자신이나 중앙정부에 반기를 든 내란단체에 의해서 이루어지는 것이 아니라 국가나 어느 지역의 정치적 통제력이 미치지 못하거나 힘의 공백이 발생한 곳에서 군벌이나 어떤 단체에 의하여 무차별로 이루어졌다. 따라서 폭력을 휘두르는 가해자의 특성상 위에서 설명한 두 가지 형태와는 구별된다. 이러한 상황에서는 교전자는 자제력을 상실

> **위에서 설명한 세 가지 서로 다른 무력충돌 상황이 종료되는 국면에서 가해자를 처벌하거나 용서하고 피해자를 보호하며, 당사자 상호 간 화해를 이루기 위하여 '정의로운 전환 메커니즘' 또는 '전환기적 정의'가 많이 거론되고 있다.**

하며, 외부에서 충돌지역으로 유입되는 무기는 더욱 많아지며, 민간주민 역시 무장하는 빈도가 높기 때문에 전투원과 비전투원 간의 구별이 더욱 모호해지기 마련이다. 이 때문에 '무정부 상태의 충돌'과 '집단 정체성 옹호'를 목적으로 하는 충돌 상황에서의 대치상황은 더욱더 극단적이며 잔인하게 되기 십상이다.

지금까지 위에서 언급한 최소 세 가지 다른 형태의 폭력과 충돌 상황이 종료되고 그로 말미암은 피해자 구제가 이루어지는 국면에서는 처벌·용서·화해를 이루기 위하여 '정의로운 전환 메커니즘'(just transition mechanism) 또는 '전환기적(과도적) 정의'(transitional justice)가 많이 거론되고 있다. 유엔은 2008년 발행된 『What is Transitional Justice?: A Backgrounder』에서 '전환기적 정의'를 다음과 같이 개념 정의하고 있다.

"Transitional justice is an approach to systematic or massive violations of human rights that both provides redress to victims and creates or enhances opportunities for the transformation of the political systems, conflicts, and other conditions that may have been at the root of the abuses."

"전환기적 정의는 체계적이거나 대규모적인 인권침해에 대한 접근 방식으로, 피해자에게 구제책을 제공하고, 학대의 근원이 될 수 있는 정치체제, 충돌 및 기타 조건을 변화시킬 수 있는 기회를 만들거나 강화한다."

필자는 2013년에 발표한 "과도적 정의와 국제인권 관련 규범"이란 제목의 논문에서 다음과 같이 '전환기적 정의'의 개념을 분석하였다.

① 국내적으로나 국외적으로 과거에 이루어졌던 심각하며 조직적이며 대량적인 인권침해 사실을 치유하기 위한 사법적 또는 비사법적 조치를 일컫는다.
② 인권침해행위의 가해자와 피해자는 동일 국적인 경우가 대부분이나, 경우에 따라서는 이질적 민족이나 국가가 가해자인 경우도 있다.
③ 과도적 정의를 실현하기 위한 조치로서 가령 가해자와 박해행위에 가담하였던 자를 형사소추하거나, 진실규명조사위원회를 조직 운영하거나, 피해자에 대한 복권과 배상조치 그리고 올바른 역사교육 등을 생각할 수 있다.
④ 과도적 정의는 치유와 화해를 통한 미래지향적 의미도 갖는다.
⑤ 과도적 정의의 실현을 바라는 욕구의 분출 시점은 달라질 수 있다.
⑥ 과도적 정의의 실현 내지 추구 주체는 다양할 수 있다.

'전환기적 정의'를 통하여 화해와 평화를 되찾기 위한 방법은 두 가지이다. 가해자를 처벌하든지 반대로 가해자를 용서하는, 이른바 정반대 방향으로 뛰는 두 마리 토끼를 쫓아야 한다. 가해자를 처벌하려는 경우 국가는 국내적으로 인권침해 사례에 대한 철저한 조사, 가해자에 대한 응당한 처벌 그리고 피해자에 대한 적절한 배상을 시행하여야 한다. 국제법의 경우 특히 국제형사법(international criminal law)과 국제인도법에서는 국가와 개인이 범하는 심각한 국제범죄로서 제노사이드(genocide), 인도에 반한 죄, 전쟁범죄, 그리고 침략범죄 등을 처벌대상으로 규정하고 있다. 이 중에서 '전쟁범죄'(war crimes)는 구체적으로 다음과 같은 행위들이 해당된다: 보호를 받아야 하는 사람에 대한 고의적 살인; 고문 및 비인도적 대우; 고의적으로 극심한 고통을 야기시키는 일; 심각하게 신체적 보전 또는 건강을 위태롭게 하는 일; 민간주민을 공격하는 일; 국외추방 또는 불법적으로 주민집단을 퇴거시키는 일; 금지된 무기 또는 전쟁방법을 사용하는 일; 적십자(적신월) 표장 및 기타 보호 표장들의 배신적 사용; 공공 재산 또는 사유재산의 약탈; 적대국 혹은 군대에 속한 개인을 배진적으로 죽이거나 부상을 입히는 일이든 국제적 혹은 비국제적 무력충돌시 국제인도법을 심각하게 위반하는 행위. 앞에서 잠시 언급한 구유고슬라비아, 르완다, 시에라리온 등의 임시 국제형사재판소 및 네덜란드 헤이그에 소재하는 국제형사재판소의 규정 모두 전쟁범죄의 범위에 비국제적 무력충돌의 기간 중 자행된 국제인도법에 대한 중대한 위반행위를 포함시키고 있다.

가해자를 용서하는 방안은 한 사회에서 가해자와 피해자가 속한 그룹이 극명하고 팽팽하게 대립하고 있는 상태를 가급적 빠른 시일 내에 안정시키고 화해 및 평화 정착 등 미래지향적 측면에 초점을 맞춘다. 이 경우 화해와 평화 추구를 중시하다 보면 자칫 실체적 진실 파악에 소홀해질 수도 있으며, 법적 정의에 기반을 두지 않는 평화 구축에 대해서는 자칫 사상누각의 우려가 제기된다. 따라서 지역 정서상 과거 인권유린 사태의 책임자들에 대한 형사처벌이 가능하지 않거나 형사소추보다는 화해가 더 중요하다고 판단될 때는 진실·화해 위원회와 같은 기관을 설립하여 진상조사 결과를 토대로 정의를 실현함과 동시에 재발방지책을 강구함으로써 지속가능한 평화구축을 추구해야 할 것이다. 이와 같은 진실·화해 위원회는 대한민국뿐만 아니라 남아프리카공화국, 동티모르, 라이베리아 등에서 설립 운영되었다. 무력사용과 관련된 국제

> **'전환기적 정의'를 이야기할 때 식민지 청산 문제를 빼놓을 수 없다. 식민지배를 했던 국가(가해자)와 피식민지 상태에 있었던 국가(피해자) 상호간에 '전환기적 정의'에 기인한 화해와 평화 추구할 필요가 있다.**

사회에서의 화해와 평화 모색은 무력충돌 상황이 발생하지 않도록 하는 사전예방(prevention), 무력충돌 상황의 관리(conflict management), 무력충돌 상황의 종료 후 평화재건(post-conflict peacebuilding) 등 각 단계별로 조금씩 다르게 나타날 것이다.

'전환기적 정의'를 이야기할 때 식민지 청산 문제를 빼놓을 수 없다. 식민지 청산 문제는 무력충돌 상황과는 다르지만 식민지배를 했던 국가(가해자)와 피식민지 상대에 있었던 국가(피해자) 상호간에 '전환기적 정의'에 기인한 화해와 평화 추구가 필요하기 때문이다. 식민주의는 20세기 중반까지 주로 유럽 국가들과 아시아에서는 일본이 비유럽 인민들 또는 주변 국가를 대상으로 영토 확장을 시도했던 정책을 의미한다. 과거 서유럽을 중심으로 퍼졌던 제국주의와 식민주의는 폭력의 증거이며, 전 세계 민족 간에 인종주의적 우수성과 열등성이라는 인위적인 왜곡

현상과 종족 간의 갈등을 야기하였다.

식민지 청산 문제는 계속 진행형이며, 한반도를 35년 간 불법강점했던 일본은 1965년 한일기본조약(정확한 명칭은 「대한민국과 일본국 간의 기본관계에 관한 조약」)과 청구권협정(정확한 명칭은 「대한민국과 일본국 간의 재산 및 청구권에 관한 문제의 해결과 경제협력에 관한 협정」)으로 모든 문제가 해결되었다고 주장하지만, 현실은 그렇지 않다는 것을 우리 모두가 잘 알고 있다.

## 제2절 불평등

20세기 말부터 21세기 초까지 국제사회에 나타난 특징을 압축하여 말한다면 '세계화'(globalization)의 빠른 진행이다. 혹자는 '세계화'를 효율성과 생산성을 중시한 나머지 비인간화가 진행되는 상황이라고 비판적으로 보기도 한다. '세계화'로 말미암아 국가들 사이에서 불균형한 발전이 가속화됨에 따라 개발도상국에서는 미래에 대한 불투명성이 더욱 짙게 드리워졌다. 게다가 2020년 초부터 몇 년간 covid-19 팬데믹으로 말미암아 모든 세계가 고통을 받았으며, 그 와중에 정치, 경제, 사회 등 모든 측면에서 혼란이 가중되고 분열되는 상황을 겪었다. Covid-19는 백신 개발과 대량 접종으로 기세는 한풀 꺾였지만, 병의 원인인 바이러스의 변이가 계속됨으로써 완전히 종식되었다고 볼 수 없다. 이 때문에 세계보건기구(WHO)는 covid-19를 주기적으로 나타나는 풍토병을 일컫는 엔데믹(endemic)으로 선언하였다.

문제는 covid-19 이전에도 세계적으로 심각했던 경제 불평등과 양극화가 팬데믹으로 더욱 악화되었다는 것이다. 가령 국제구호단체인 옥스팜(Oxfam)은 2021년『The Inequality Varus』(한국어 번역은『불평등 바이러스』)라는 제목의 보고서를 통해 "전 세계 10대 부자의 재산이 covid-19 이후 5,400억 달러(약 600조원) 증가한 반면, 전 세계에서 수억 명이 일자리를 잃거나 소득 감소로 빈곤으로 내몰렸다"라고 지적했다.

우리는 2020년 말부터 본격적으로 이루어졌던 covid-19 백신의 양산화와 치료제 개발의 주도권을 선진국이 쥐고, 백신의 국가 간 배분이 형평스럽게 이루어지지 못했던 당시 상황을 되새길 필요가 있다. 백신과 치료제 부족으로 개발도상국 정부와 국민들이 겪었던 상대적 박탈감과 소외감은 엄청났다. 당시 신문보도에 따르면 2021년 초 전 세계 2백여 국가에서 covid-19가 발생했지만, 백신 접종에 들어간 나라는 73개국으로 1/3 정도였다고 한다. 이처럼 국제사회에서 불평등성, 복잡성 그리고 불확실성이 심화되는 상황에서 어떻게 해야 사회 구성원들 간의 화해가 가능하고 평화를 달성할 수 있을까?

> **세계화로 말미암아 국가들 사이에서 불균형한 발전이 가속화되고 국제사회에서 불평등성·복잡성·불확실성이 심화되는 상황에서 어떻게 해야 사회 구성원들 간의 화해가 가능하고 평화를 달성할 수 있을까?**

Jared Diamond 교수는 국가가 부유하고 안정될수록 거기에는 충분한 식량, 깨끗하고 안전한 식수, 질 높은 교육, 직업훈련의 보장 그리고 철저한 공중보건위생 등이 약속된다고 본다. 그러나 불행히도 인간이면 누구나 다 누리기를 원하는 이러한 사회의 모습은 비단 국가와 국가 사이에서뿐만 아니라, 하나의 국가에서도 지역에 따라 차이가 날 수도 있다. 특히 다민족(多民族)으로 구성된 국가의 경우 복잡한 문제를 야기하기도 한다. 이러한 상황에 대하여 Paul Collier가 그의 저서 『The Future of Capitalism』(한국어 번역은 『자본주의의 미래』)에서 분석하고 지적하듯 우리는 현재 인종, 빈곤과 오염의 정도에 따라 지리적 분단, 계급적 분단, 세계적 분단이라는 현실 앞에 서 있다.

Jared Diamond 교수는 국제사회에 있어서 국가 간 국부(國富)의 차이, 즉 불평등 문제는 다음과 같은 현상으로 나타난다고 설명한다. 세계화된 세계에서 가난한 나라의 국민은 좌절하기도 하지만 분노와 질투를 한다. 가령 가난한 나라에서 부유한 국가로의 (불법) 이주는 끊이지 않고, 분노와 질투로 말미암아 가난한 나라의 시민들은 부유한 나라를 공격하려는 자발적 테러리스트가 되거나 그러한 테러리스트를 지원하기도 한다. 또한 가난한 나라에서 발생한 질병은 부유한 나라로 확산되기도 한다. 이처럼 질병, 이민과 테러는 국가 간 불평등에서 비롯되는 직접적인 결과라는 것이다. 질병은 끊임없이 확산되고 이민을 근본적으로 막는 것이 불가능하다. 테러 근절도 어려우며 국가 간 협력이 절실하다. 국가 간 빈부의 격차가 줄어들지 않는 한 가난한 국가의 사람들은 계속 병에 걸릴 것이고, 부유한 나라로 이주할 방법을 끊임없이 모색할 것이며, 직접 테러리스트가 되거나 테러리스트가 되려는 이를 지원할 것이다. 이를 방치하면 국제사회에서의 화해와 평화의 길은 요원해질 것이다. 그렇다면 어떠한 해결방법이 있는가?

Jared Diamond 교수는 국제사회에서의 불평등 상황을 악화시키지 않고 완화시킬 수 있는 방안으로서 가령 부유한 나라는 가난한 국가를 상대로 해외원조 프로그램을 늘리고 개선할 것, 국내적 차원에서는 사회개혁 프로그램을 개선할 것, 공중보건 프로그램에 더 많은 투자와 연구를 할 것 등을 제안한다. 필자 역시 이러한 개선 방안에 전적으로 동의한다. 현재 Bill & Melinda Gates Foundation을 비롯한 여러 시민단체와 국가들이 아프리카에서 말라리아 퇴치 프로그램을 시행하는 것은 다행이지만, 이러한 조치는 다른 여러 분야에도 가급적 빠른 시일내에 확대되어야 한다. 또한 이와 같은 해결책은 단기적으로 가능한 것이 아니고, 중장기적인 안목에서 국가들과 국제기구들 그리고 시민단체의 유기적인 협력하에 이루어져야 할 것이다. 또한 부(富)의 불평등 해소 문제는 국제사회뿐만 아니라 국내사회에서도 고질적인 사회적 문제이기 때문에 여기서 간단히 다룰 수 없다.

이에 덧붙여 국제법적 차원에서 한 가지 언급해야 할 상황은 바로 세계 도처에서 발생하고 있는 불법 대량이주자들에 대한 대우 문제이다. 자신이 속한 국가의 정치·경제정책이 실패함으로써 그에 따른 경제적 궁핍 상황으로부터 탈출하려는 이들의 끊임없는 행렬은 일부 지역에서는 일상이 되어버린 불행이다. 일상생활처럼 되어버린 내전과 급격한 기후변화로 인한 기근 그리고 경제적 기반의 붕괴 등의 복합적 요인으로 북부 아프리카와 시리아, 아프가니스탄 등지에서 서유럽으로 대량이주민이 끊임없이 유입되고 있다. 내정 실패가 거듭되는 일부 중남미 국가의 국민이 미국으로 이동하는 대량 유랑민 문제는 국가 간뿐만 아니라 개인 간 갈등을 증폭시키고 있다. 실제로 미국은 2025년 트럼프 대통령이 취임한 후 국내 불법이민자들을 다수 색출하여 강제추방하고 있다. 물론 이들은 국제법상의 '난민'(refugees)과는 구별되어야 하지만, 그렇다고 해서 무작정 손을 놓고 쳐다볼 수만은 없는 인도주의적 비극이다.

1951년 「난민의 지위에 관한 유엔협약」 제1조에 따르면, 국제법상 난민이란 "인종, 종교, 국적, 특정 사회집단의 구성원 신분 또는 정치적 의견을 이유로 박해를 받을 우려가 있다는 충분한 근거가 있는 공포로 인하여, 자신의 국적국 밖에 있는 자로서, 국적국의 보호를 받을 수 없거나 또는 그러한 공포로 인하여 국적국의 보호를 받는 것을 원하지 아니하는 자; 또는 그러한 사건의 결과로 인하여 종전의 상주국 밖에 있는 무국적자로서, 상주국에 돌아갈 수 없거나, 또는 그러한 공포로 인하여 상주국으로 돌아가는 것을 원하지 아니하는 자"를 일컫는다. 따라서 위에서 언급한 자국의 심각한 경제적 빈곤과 삶의 악순환으로부터 탈출하려는 아프리카와 중남미 주민들은 이른바 '경제적 난민'으로 국제법상 보호를 받지 못하기 때문에 지역적 협력체제의 강화가 절실하다.

| 제4장 |

# 인간 대 자연 또는 현세대가 미래세대를 위해 풀어야 할 문제

제1절　기후변화
제2절　환경의 훼손과 자원의
　　　　부적절한 관리의
　　　　결과로서의 남용

가해자인 인간과 피해자인 자연은 과연 화해가 가능할까? 그리고 현세대는 미래세대를 위하여 어떠한 일을 해줄 수 있고 또한 무엇을 해야 할까? 미래세대의 생존을 위협하는 요소를 방치하거나 더 키운다면 가까운 미래에 지구에서의 평화는 요원해질 것이다. 이하에서는 Jared Diamond 교수가 지적한 기후변화와 자연환경 훼손과 남용 문제를 살펴보면서 필자와 다른 학자들의 분석과 의견을 덧붙인다.

## 제1절 기후변화

기후변화는 하나의 문제가 아니라 여러 관련 문제가 복합된 현상이다. 즉 기후변화는 물리적인 원인, 생물학적인 원인, 사회적인 원인이 복합된 문제이다. 인간이 소비하는 자원소비량과 폐기물생산량은 꾸준히 증가하고 있는 추세이며, 인간 활동은 주로 화석연료를 태우기 때문에 이산화탄소를 발생시키고, 그 이산화탄소는 대기로 배출된다. 이산화탄소 다음으로 많은 비중을 차지하는 온실가스는 메탄이다. 지구온난화로 영구동토층이 녹으면 메탄이 배출되고, 그 메탄이 다시 지구온난화를 부추기면 그로 인해 더 많은 메탄이 배출될 것이다.

Jeremy Rifkin과 같은 미래학 학자는 그의 저서 『The Global Green New Deal』에서 기후변화의 본질은 시간과의 싸움이라고 보고 있다. 2050년은 그때까지 지구 온도 상승을 섭씨 2도 이하로 묶겠다는 2015년 「파리협정」의 목표 연도이다. 기후변화에 대응하기 위한 최초의 보편적 조약인 「파리협정」은 지구 생태계와 인류의 생존을 위해 중대하고 야심찬 공동목표로서 지구의 평균 온도 상승을 2050년에 산업화 시대 이전과 비교하여 2~1.5℃ 이하로 낮출 것을 천명하고 있다. 참고로 한국의 온실가스 배출

> 한국의 온실가스 배출량은 2020년 기준 총량으로 세계 상위 7위, 1인당 기준으로는 세계 6위이다. OECD 회원국 중 온실가스 배출량 증가 속도는 가장 빠른 편이다.

량은 2020년 기준 총량으로 세계 상위 7위, 1인당 기준으로는 세계 6위라고 한다. OECD 회원국 중 온실가스 배출량 증가 속도는 가장 빠른 편이다.

부연하면 OECD 전체 배출량 평균이 -0.5%인데 반해 한국은 +2%이다. 한국정부는 2020년 10월 28일에 2050년 탄소 배출량 제로 선언, 즉 '탄소 중립'을 선언하였다. 탄소중립이란 지구온난화의 주범격인 탄소의 배출량과 흡수량을 대등하게 맞추겠다는 의지의 표현이다. 이는 탄소 중립을 통한 지속가능한 발전이라는 시대적, 세계적 추세에 부응하며, 미래세대를 위한 조치이기도 하다. 한국의 에너지원별 전력생산 현황은 산업통상자원부의 2023년 통계로 석탄화력발전의 비중은 31.4%이다. 그 다음으로 원자력(30.7%), LNG(26.8%), 신재생(9.6%), 수력(0.6%), 유류(0.3%) 등의 순서이다.

5년 전인 2018년 통계와 비교해 볼 때 석탄화력발전은 41.9%에서 31.4%로 거의 10%가 감소했으며, 원자력발전은 23.4%에서 30.7%로 약 7%가 증가하였다. LNG가 차지하는 비중은 그대로이다. 이에 비해 정부가 2030년까지 20%로 대폭 확대하기로 한 태양광, 풍력 등 재생에너지 비중은 신재생은 6.2%에서 9.6%로 수력은 0.7%에서 0.6%로 5년 동안 미미하게 변화하여 이 둘을 모두 합해도 10.2%에 불과한 것으로 집계됐다. 2015년 「파리협정」과 2019년 유엔 기후정상회의에서 한국을 포함한 121개국은 2050년까지 이산화탄소 순배출량을 제로로 줄여나가기로 결의하였지만 한국은 아직도 제조업 비중이 높고, 석유화학, 철강 등 탄소 배출이 많은 업종 규모가 크다는 점은 탄소중립의 조기 실현의 발목을 잡는 요인이다. 위 통계에서 보듯 국내 석탄화력발전 비중은 다른 주요 선진국들과 비교해도 높다. 따라서 에너지 발전량을 석탄에서 신재생 에너지로 전환하는 과정에서 산업계는 상당한 부담을 가질 것으로 전망된다.

한국을 포함한 대부분의 각국 정부의 미온적인 기후변화 대응에 실망한 젊은 세대는 자국 정부를 상대로 집단적 소송을 제기하기도 한다. 한국에서도 시민단체 '청소년 기후행동'은 2020년 3월 정부의 소극적인 온실가스 감축목표는 청소년의 기본권을 침해하는 행위라며 헌법재판소에 헌법소원을 청구하였다. 이는 국내에서 처음으로 제기된 기후소송이다. 정부측은 청구인인 청소년들은 온실가스 감축을 정부에 요구할 권리가 인정되지 않는다며 헌법상

**한국을 포함한 대부분의 각국 정부의 미온적인 기후변화 대응에 실망한 젊은 세대는 자국 정부를 상대로 집단적 소송을 제기하기도 한다.**

보장된 청소년의 환경권, 생명권, 행복추구권은 침해당하지 않았다고 주장하였다. 이 소송의 쟁점은 온실가스 감축목표에 관한 입법의무가 헌법상 과연 존재하는지, 또한 미래에 야기될 수 있는 기후위기 상황을 이유로 생명권을 침해받고 있다는 주장이 받아들여질 수 있는지 등이었다.

헌법재판소는 소송이 제기된 지 4년 5개월 만인 2024년 8월 29일 「기후위기 대응을 위한 탄소중립·녹색성장 기본법」(2022) 제8조 제1항이 헌법에 합치하지 않는다고 판결하였다. 이 법 제8조 제1항은 정부가 국가 온실가스배출량을 2030년까지 2018년 배출량 대비 35% 이상의 범위에서 대통령령으로 정하는 비율만큼 감축하는 것을 중장기 국가 온실가스 감축목표로 한다고 규정하고 있다. 헌법재판소는 정부가 2030년 이후 감축목표에 관해서는 어떠한 정량적인 기준을 제시하지 않고 있기 때문에 2050년 탄소중립 목표시점에 이르기까지 점진적이고 지속적인 감축을 실효적으로 담보할 수 있는 장치가 없다고 지적하였다. 그리고 이러한 점에서 해당 조항이 미래에 과중한 부담을 이전하기 때문에 기본권 보호의무를 위반하였으므로 청구인들의 환경권을 침해한다고 판결한 것이다. 이러한 헌법재판소의 판결은 미래세대가 현세대로 말미암아 입을 수 있는 불평등한 입장을 고려할 때 국가의 온실가스 감축의무를 적극적으로 인정할 필요가 있으며, 심각해진 기후위기 상황을 더 이상 묵과해서는 안 된다는 경고의 의미를 담고 있다. 참고로 헌법재판소 판결로 말미암아 위 법 제8조 제1항은 2026년 2월 28일을 시한으로 개정되어야 한다. 이러한 국내 판결과 더불어 독일 함부르크에 소재한 국제해양법재판소(International Tribunal of the Law of the Sea, ITLOS)의 2024년 5월 권고적 의견과 네덜란드 헤이그에 소재한 국제사법재판소(International Court of Justice, ICJ)의 2025년 7월의 권고적 의견 역시 눈여겨 봐야 한다. 이 두개의 권고적 의견은 기후변화가 인류에게 야기하는 사태의 심각성을 언급하고, 국가들의 예방과 완화에 관한 책임과 의무를 명시하였다.

우리가 기후변화와 미래세대와의 관계를 중시하고 우려하는 이유는 기후변화로 말미암은 지구 생태계 악화의 가속화 때문이다. 이산화탄소 배출의 일차적 효과로 가장 많이 논의되는 악영향은 대기에서의 온실가스 역할이다. 즉 이산화탄소에 의해 지구의 적외복사가 대기에 흡수되고, 그로 인해 대기의 온도가 상승하여 흔히 말하는 지구온난화(global warming) 현상을 일으킨다. 지구의 전반적인 온난화 추세는 변덕스러운 기후변화, 가령 더 강력해진 태풍, 홍수와 집중호우, 가뭄, 산불의 증가를 가져온다. 앞에서 언급한 Jeremy Rifkin 교수의 주장에 따르면, 기후의 급격한 변화는 전 세계에 심각한 자연재해를 야기시키고 있으며, 이는 공중보건 비상사태로 이어지고 있다고 본다. 그는 온실가스 배출이 야기하는 오존과 미세먼지 공해, 그리고 확산되는 산불에서 발생한 연기에 노출됨으로써 폐기능의 저하되며, 계절 기온의 상승으로 인한 알레르기 유발 물질의 증가, 열사병과 심혈관 질환을 포함하는 질병과 사망률이 증가했다고 분석한다.

또한 이산화탄소는 대기뿐만 아니라 바다에도 축적되어 그로 인하여 발생한 탄산에 의해 바다는 높은 산성도를 이루게 된다. 이로 말미암아 산호초가 죽게 된다. 산호초는 바닷물고기의 주된 요람 역할을 하는 동시에 열대와 아열대 지역의 해안을 파도와 쓰나미로부터 보호하는 역할을 하는데 전 세계 해양의 산호초는 매년 1~2% 가량 줄어들고 있다고 한다.

Carl Zimmer는 그의 저서『A Planet of Viruses』(한국어 번역은『바이러스 행성』)에서 원래 지구는 바이러스가 지배하였다는 전제하에 15억 년 전에 지구에 출현한 바이러스는 동물, 식물, 미생물을 공격해 숫자를 조절하면서 지구 생태계를 유지해 왔다고 주장한다. 인간의 무분별한 산림 벌채로 말미암아 서식지를 잃은 야생동물은 인간의 영역을 침범하고, 갯벌을 간척해 농지로 바꾼 탓에 조류인플루엔자 바이러스를 가진 철새 역시 사람 사는 곳으로 다가왔다. 아프리카에 있던 돼지열병 바이러스를 전 세계에 퍼뜨린 것도 결국 인간이다. 이렇게 볼 때 인간과 동물을 매개한 바이러스의 창궐은 필연적 결과라고 할 수밖에 없으며, covid-19 백신과 치료제가 나온다 해도 형태를 바꾼 세계적 대유행병(pandemic)은 계속 출몰할 것이라는 비관적 전망이 나오고 있다. 아래 홍석현 중앙홀딩스 회장이 2020년 5월 "코로나 19 위기와 대응, 그리고 미래"라는 주제의 웨비나 기조강연에서 언급한 내용 중 일부를 인용한다.

> "…인간이 바이러스가 숙주로 삼은 야생동물의 영역을 침범하고 마구 개발하다 보니 야생동물의 개체수가 급속도로 줄었습니다. 바이러스의 영토를 파괴한 셈입니다. 바이러스는 생존을 위해 어쩔 수 없이 숙주를 인간으로 바꿨고, 이 과정에서 치명율이 높은 인수공통전염병이 발생한 것입니다. 그렇다면 코로나 바이러스 감염 재앙은 인간의 이기심이 초래한 필연적 결과라는 사실을 받아들여야 합니다."

Jared Diamond 교수는 지구온난화의 영향을 다음 네 가지로 설명한다.

첫째는 가뭄이다. 가뭄은 농업에 치명적이며 건조한 대기는 산불도 유발한다. 기후 전문가들은 21세기 중엽이 되면 고위도 지역이나 일부 다습한 열대지역에는 강우량이 40% 증가하겠지만, 남유럽과 미국 남서부, 아프리카 사헬 지역 등의 강우량은 30% 이상 감소할 것으로 예상한다. 이로 말미암아 전 지구 면적의 20% 정도가 사막화되면서 그 지역에 거주하는 인간은 생존을 위협받게 될 것이라는 암울한 전망이다. 또한 빙하와 적설량이 감소하면서 용설수가 고갈되면 수십억 명 이상의 사람이 영향을 받을 것이라는 예측을 곁들인다.

둘째는 식량 생산의 감소이다. 기아로 고통받을 세계 인구가 6억9천만 명에서 더 증가할 것이다.

셋째는 질병의 매개체인 곤충의 지리적 다양성의 변화이다. 특히 열대성 질병을 옮기는 곤충이 온대지역까지 번식하여 생태계를 교란시키는 현상이 가중되고 있다. 지구온난화의 가속은 생물 다양성 감소로 이어지며 병원체는 살아있는 동물로 몰리고, 동물과 동물, 동물과 사람 간 감염성 질병이 발생하며, 모기·진드기와 같은 운반체 매개 질병도 증가하게 된다. 참고로 매년 7억명이 감염되는 말라리아, 뎅기, 웨스트나일, 치쿤군야, 황열병, 지카 바이러스 등은 모기가 옮긴다.

여기에 덧붙여 일각에서는 covid-19의 발생원인 중 하나로서 기후변화로 인한 생태계 파괴를 지목하고 있다. 지구온난화로 말미암아 빙하 속에 묻혀있던 과거 병원체에 의한 전염병 확산 가능성이 있기 때문에 과학자들은 설령 covid-19 백신과 치료제가 나온다 하더라도 또 다른 형태의 세계적 대유행병(pandemic)은 계속 출몰할 것이라고 전망하기도 한다. 이처럼 인간의 무분별한 자연파괴로 인한 지구환경 훼손은 기후변화의 직격탄이며, 기후변화로 인한 생태계의 파괴로 바이러스에 감염된 동물과 인간의 접

촉이 증가하면서 야생동물을 중간숙주로 하는 코로나 바이러스 계열의 감염병이 확산되었다는 것이다. 인간과 동물을 매개로 하는 바이러스의 창궐은 필연적 결과라는 주장은 매우 설득력이 있다.

넷째는 해수면 상승이다. 과학자들은 해수면이 평균 1미터만 상승하더라도 폭풍과 조수의 영향으로 세계 전역의 저지대와 섬나라는 위협을 받을 것이라고 우려한다. 이러한 우려는 Al Gore의 『The Future』(한국어 번역은 『우리의 미래』)에도 다음과 같이 언급되어 있다.

> "21세기가 지나면 지구촌에는 수백만 명의 기후 난민이 발생할 것으로 보인다. 약 1억 5,000만 명이 해수면보다 고작 1미터 정도 높은 저지대에 살고 있다. 따라서 해수면이 1미터 상승하게 되면 약 1억 명이 고향을 떠나야 할 것이다. 물론 사막화가 진행되고 있는 건조 지역 출신은 제외한다."

이른바 '기후 난민'(climate refugees)의 숫자는 점차 증가하여 21세기에는 2억 명을 넘어설 것으로 앨 고어는 예상하고 있다. 그중 대부분은 특히 남아시아와 동남아시아, 중국과 이집트의 대규모 삼각주에서 이주해야 하는 이들이다. 실제로 방글라데시의 연안지대를 빠져나온 주민들은 수도 다카, 인도의 북동부까지 이동하고 있기 때문에 이들로 말미암아 종교와 부족의 갈등이 더욱 악화되리라는 예상이다. 실제로 기후변화와 내전 발발의 연관성은 확인되고 있다. 아프리카 수단 다르푸르 지역은 기후변화로 인하여 내전이 발생한 사례이다. 그 지역에는 기후변화로 인한 식량 감산, 식수 고갈, 대홍수에 의한 초지, 토양 침식 및 파괴에 더하여 유전개발을 둘러싼 각종 이권 및 인종 간의 갈등까지 겹쳐 '인종청소'가 발생하였다.

그러면 이러한 기후변화와 지구온난화에 대비한 구체적인 해결책은 있는가? Jared Diamond 교수는 다음과 같이 주장한다. 첫째, 전체 에너지 소비량, 특히 화석연료의 소비를 줄여야 한다. 그렇게 된다면 기후변화와 해수면 상승의 원인인 온실가스 배출량이 줄게 된다. 둘째, 화석연료를 에너지원으로 사용하는 대신, 태양열과 바람과 조수 같은 재생가능한 자원에서 더 많은 에너지를 얻도록 노력해야 한다. 또한 이산화탄소를 포집하여 저장할 수 있는

**기후변화와 지구온난화에 대비한 구체적인 해결책은 있는가?**

지구공학(geoengineering)의 발전가능성을 염두에 두고 있다. 이와 유사한 맥락에서 Jeremy Rifkin 교수는 기후변화에 대응하여 인류의 지속 가능한 미래를 위하여 보다 구체적인 정치·경제적 계획을 제시하고 있다. 그는 화석연료의 채굴과 사용 등에 관련되는 시설과 산업을 '좌초자산'(stranded asset)이라고 명명하며 세계는 늦기 전에 투자방향을 전환하고 에너지 서비스 기업(energy service company, ESCO)을 발전시켜야 한다고 주장한다. 좌초자산이란 수요가 줄어들기 때문에 채굴되지 않고 남게 되는 모든 화석연료뿐만 아니라 버려지거나 폐기되거나 포기되는 송유관과 해양 플랫폼, 저장시설, 에너지 생산설비, 예비 발전소, 석유화학 공정시설, 그리고 화석연료 문화와 밀접하게 결합된 모든 산업 등을 의미한다. 또한 에너지 서비스 기업이란 에너지 사용자를 대신하여 에너지 절약시설에 투자하고 그에 따른 에너지 절감액으로 투사비를 회수하는 기업을 일컫는다. 결국 Jeremy Rifkin 교수는 인류가 화석연료 문명을 지속시키려 고집한다면 모두가 공멸한다는 결론에 이른다.

필자는 Jared Diamond 교수가 언급하지 않은 세 가지를 추가하려 한다. 첫째, 태양열, 풍력, 조력 등의 재생에너지는 환경문제와 안전에 대한 문제는 없지만 에너지 밀도가 낮아서 넓은 생산설비 면적이 필요하다는 단점이 있다. 또한 날씨 영향을 많이 받기 때문에 에너지를 저장해 필요할 때 사용할 수 있는 에너지 저장장치가 추가되어야 한다. 둘째, 그렇다면 재생가능한 에너지 사용과 더불어 원자력의 평화적 이용은 어떠한가? 원자력에 대해서는 찬성과 반대가 팽팽히 맞서고 있는 실정이다. 원자력은 에너지 생산 후 발생하는 방사성폐기물, 특히 고준위 폐기물을 장기간 보관·처리하는데 큰 어려움이 따르며 이는 미래세대에게 큰 짐이 된다는 비판이 제기되지만, Bill Gates가 그의 저서 『기후 재앙을 피하는 법』에서 주장하듯 원자력 발전은 그럼에도 불구하고 기후변화를 늦출 수 있는 차선책이라는 의견에도 귀를 기울일 필요가 있다. 셋째, 기후변화 대응의 맥락에서 2015년 「파리협정」의 전문 제10항에는 '정의로운 전환'(just transition)이라는 용어가 사용되고 있다. 이 용어는 앞에서 무력충돌 상황 이후의 화해문제를 다루고 있는 '전환기적 정의'(transitional justice)와도 일응 교감을 이룬다고 보여지지만, 그 개념의 명확성과 운용 가능성 등은 좀 더 시간을 두고 지켜봐야 할 것이다.

## 제2절 환경의 훼손과 자원의 부적절한 관리의 결과로서의 남용

Jared Diamond 교수는 현재와 같은 지구 자연자원의 소비율을 놓고 볼 때 우리는 과연 미래세대를 위해서 지속가능한 발전을 유지할 수 있을까에 대해서도 담론을 펼친다. 그는 수산자원의 관리, 특히 '불법·비보고·비규제'(illegal, unreported, unregulated 약칭 IUU) 어업의 근절 등을 통해서 지속가능한 관리가 매우 중요하다고 강조하며, 국가들은 각자의 숲과 토양, 담수의 체계적인 관리를 서둘러야 한다고 본다. 자연은 물과 공기를 깨끗이 정화하고, 토양을 비옥하게 유지하는 생태계 서비스를 제공하며, 앞에서 언급한 것처럼 깨끗한 물, 맑은 공기, 비옥한 토양 등은 인간이 풍족한 삶을 누리게 하는 전제조건이 되기 때문이다. 앞에서도 언급했지만 지구 도처에서 지금도 자연자원, 가령 숲과 수자원 남용과 훼손행위가 그치지 않고 있음을 우리는 잘 알고 있다. Jared Diamond 교수의 설명은 추상적인 담론에 그칠 우려가 있기 때문에 개별 환경분야별로 훼손 상황을 파악하고 그에 적절한 대책을 마련할 필요가 있다. 아래에서 몇 가지 예를 들어 설명하기로 한다.

> Jared Diamond 교수는, 지구 자연자원의 소비율을 볼 때 미래세대를 위해서 지속가능한 발전을 유지할 수 있도록 수산자원의 관리, 숲과 토양, 담수의 체계적인 관리를 서둘러야 한다고 말한다.

첫 번째 예는 플라스틱 오염이다. 유엔환경계획(UNEP)은 기후변화, 생물다양성의 손실과 함께 인류의 생존을 위협하는 3대 요인으로 플라스틱 오염을 지적하고 있다. 플라스틱으로 인한 다양한 환경오염 실태 중 해양 생태계 훼손은 매우 심각하다. 2020년 기준으로 전 세계 해양 플라스틱 폐기물의 80%가 육상 오염원에서 기인하고 있는 반면, 플라스틱의 재활용 비율은 불과 9% 수준에 머물고 있다고 한다. 플라스틱은 사용 후 재활용, 소각되지 않으면 육지에 매립되거나 육지, 강, 해양 등에 버려진다.

최근 주목을 받고 있는 태평양, 대서양, 인도양 등 다섯 군데에 떠다니고 있는 해양의 거대한 쓰레기섬은 미래세대에 대한 직접적인 위험이다. 이 중 '태평양 쓰레기섬'(Great Pacific Garbage Patch)의 면적은 약 160만 $Km^2$로 대략 한국 영토의 16배 정도라고 알려져 있으며 쓰레기의 상당수가 플라스틱 조각으로 구성되어 있다. 플라스틱은 일반적으로

분해되는데 500년 이상 걸린다고 알려져 있다. 유엔환경계획(UNEP)은 현재의 플라스틱 사용 추세가 개선되지 않는 한 2050년에는 바다에 어족자원보다 플라스틱이 더 많아지리라고 경고하고 있다. 더욱이 일반 플라스틱 제품이 시간의 경과와 해류와의 부딪힘 등으로 인해 만들어지는 미세플라스틱은 먹이사슬 최상위층에 있는 인간, 더 나아가서 미래세대에 악영향을 미칠 것이라는 연구 결과도 있다.

> '태평양 쓰레기섬'(Great Pacific Garbage Patch)의 면적은 한국 영토의 16배 정도이고, 쓰레기의 상당수가 플라스틱 조각으로 구성되어 있다.

대량의 해양 플라스틱 쓰레기로 말미암아 해양환경과 생태계가 지금도 계속 훼손되어 가고 있는데 복구는 장기간이 소요되는 매우 어려운 일이다. 따라서 플라스틱 쓰레기로 인한 해양오염을 줄이기 위해서는 무엇보다도 사전예방이 중요하다. 유엔은 해양을 포함한 플라스틱 오염의 대폭 감소라는 중장기적 목표 달성을 위하여 2022년부터 관련 국제조약 채택을 위한 국제회의를 연속적으로 개최하고 있으며, 2024년 12월 초 부산에서도 관련 국제회의가 열린 바 있다. 이 문제는 미래세대를 위해서 현세대가 어떠한 형태로든 내려야 할 결정이기 때문에 가급적 빠른 시일 내에 이해관계가 충돌하는 국가들 간에 구체적이며 실현가능한 합의를 바탕으로 한 관련 국제조약이 채택되길 바란다.

두 번째 예는 지구의 생명체에게 산소를 공급하는 숲의 위기이다. 브라질에서는 전 세계 밀림의 절반에 해당하는 570만㎢의 열대밀림이 파괴될 위험에 처해있다. 아마존 열대밀림에는 6,600Km 길이에 이르는 강들이 있고, 최소 4만여 종의 식물과 3천여 종의 민물 어종이 있으며, 이들은 지구상 동식물종의 10%에 해당한다. 2019년 말까지 3,500㎢가 사라졌다고 한다. 그러나 정작 브라질 정부는 국가 경제발전을 위해서는 이러한 자연생태계 훼손은 불가피하다고 주장한다.

세 번째 예는 담수 고갈이다. 물 부족은 인간이 농업과 산업에 필요한 담수를 마구 사용하는 것에 그 이유도 있지만, 지구온난화로 인한 가뭄과 집중호우가 빈번해지는 상황에서 효율적인 물관리 정책이 제대로 수립·가동되지 않는 국가에서 더욱 가속화되고 있다. 더 나아가 여러 국가를 관통하거나 국경을 이루는 이른바 국제하천의 수자원을 둘러싼 국가 간 분쟁 역시 21세기에 사회적 갈등이나 폭력적인 충돌, 더 나아가 전쟁으로 이어질 가능성도 전혀 배제할 수 없다. 가령 나일강에 의존하고 있는 에티오피아와 이집트, 동남아시아와 인도로 흘러 들어가는 국경하천에 대한 지배권을 강화하려는 중국의 움직임, 이라크와 시리아의 지하 대수층 고갈 등이 그러한 전조이다. 2016년 칠레가 볼리비아를 상대로 국제사법재판소(ICJ)에 두 나라의 국경하천인 "실랄라(Silala) 강과 그 수역의 이용과 법적 지위에 관한 분쟁"에 관하여 소송을 제기한 것은 전 세계 수자원 확보에 국가들이 얼마나 신경을 쏟는지 우리에게 잘 보여주고 있다.

위의 첫 번째 플라스틱 오염실태는 국가 관할권 밖에 있고 모든 국가가 자유롭게 사용할 수 있는 바다, 즉 공해(公海, high seas)에서 발생하는 현상이며, 환태평양 국가들이 배출한 쓰레기이기 때문에 각국의 이해관계를 절충하는 것이 간단치 않다. 두 번째와 세 번째 예는 반대로 국가들은 자신의 영토에서 벌어지는 일이기 때문에 다른 국가는 간섭할 수 없으며 자신만이 배타적 권한을 행사한다고 주장한다. 이처럼 현 세대들의 욕심으로 미래세대가 겪을 고통을 어떻게 해야 완화시킬 수 있을까 라는 질문은 우리 모두에게 던져졌다.

이 문제에 대한 필자의 생각은 다음과 같다. 국가들이 지금까지 지구환경 악화를 방지하기 위한 다양한 분야에서 나름대로 협력 가능성을 보여주고 있기 때문에 최악의 비관적 상황은 아니라고 보여진다. 지구환경의 보존과 개선을 위한 범세계적 조약과 주요 문서들 중에서는 "전체 인류의 이익과 건강"과 아울러 "현세대와 미래세대 상호간의 형평"을 명시한 예가 적지 않다.

우선 전자의 예로서 「남극조약」(1959) 전문은 "남극지역이 오로지 평화적 목적을 위하여서만 항구적으로 이용되고, 또한 국제적 불화의 무대나 대상이 되지 않는 것이 모든 인류의 이익이 됨을 인식하고"라고 명시하고 있고, 「오존층 보호를 위한 비엔나 협약」(1987) 전문 역시 "오존층의 변화 때문에 초래되는 역효과로부터 인간의 건강과 환경을 보호할 것을 결의"하고 있다.

후자의 예로서 「인간과 환경에 관한 스톡홀름 선언」(1972)의 원칙 1과 2, 「환경과 개발에 관한 리우선언」(1992)의 원칙 3은 환경과 관련된 현세대와 미래세대의 요구를 공평

하게 충족시킬 것을 선언하고 있다. 1990년대 이후에 채택된 국제조약으로 가령 「기후변화에 관한 국제연합 기본협약」(1992) 전문은 "현재와 미래의 세대를 위하여 기후체계를 보호할 것을 결의"하고 있고, 「생물다양성에 관한 협약」(1992) 역시 "현재 세대와 미래세대의 이익을 위하여 생물다양성을 보전하고 지속가능하게 이용할 것을 결의하며"라고 선언하고 있다. 또한 「심각한 한발 또는 사막화를 겪고 있는 아프리카 지역 국가 등 일부 국가들의 사막화 방지를 위한 국제연합 협약」(1994)에서도 "우리 세대와 미래세대의 이익을 위하여 사막화 방지 및 한발피해 완화를 위한 적절한 조치를 취할 것을 결의"하고 있다. 따라서 가까운 미래에 닥칠 환경피해를 최소화시키기 위한 집단행동을 예견하였음에도 불구하고 부작위(omission)로 일관하거나 필요한 조치를 취하지 않은 현세대에 대하여 최소한의 책임추궁을 할 수 있는 미래세대의 권리는 각 문야별로 어느 정도 보장되어 있다고 봐도 무방할 것이다. 하지만 미래세대를 위한 약속이 구겨진 휴지조각이 되지 않도록 현세대는 노력해야 한다.

| 제5장 |

# 나가며

지금까지 필자는 "국제공동체에서 화해와 평화를 어떻게 추구할 수 있는가?"라는 질문에 대한 답을 모색하기 위하여 Jared Diamond 교수가 특히 지적한 여러 가지 전 지구적 문제에 무력충돌 문제를 더하여 하나씩 검토하였다. 그리고 크게는 '인간 대 인간', '인간 대 자연' 이렇게 두 가지 측면으로 나누어 보았다. 흥미로운 사실은 Jared Diamond 교수가 covid-19 바이러스가 모든 세계 지역으로 빠르게 확산되던 2020년 5월 Financial Times에 기고한 글 "Lessons from a pandemic"에서 위에서 언급한 세 가지 사항에 더하여 핵무기의 위험까지 모두 네 개의 현존하는 인류에의 위협에 대해 설명하고 있는데, 이는 필자가 이 글에서 '전쟁'(무력충돌) 문제를 언급한 것과 맥락을 같이 한다.

필자는 화해와 평화란 결국 각 상황에서 갈등을 최소화시킴으로써 이미 그 낌새가 존재하거나 실제로 발생한 분쟁과 충돌을 예방하고 처리하는 과정이라고 보았다. 하지만 모든 문제를 완전히 해결한다기보다는 상대적 관점에서의 완화 시도라고 보는 편이 정확할 것이다. 구체적이며 현재 진행형인 예를 하나 들어보자. 2020년 초부터 시작된 covid-19 팬데믹 상황 하에서 국가들은 바이러스 퇴치를 위하여 전례없이 합심하는 태도를 보이다가도, 자국 이익과 국민을 위한 일방적인 정책을 펴는 이기적 모습도 여실히 보여주었다. 2021년에 접어들어 백신과 치료제 상용으로 한시름은 덜었지만, covid-19와 유사하면서 독성이 강한 변이 바이러스의 출현 가능성은 더 이상 SF 공상과학소설이 아니다. 따라서 자칫 공급보다는 수요가 많아질 백신과 치료제를 어떻게 형평스럽게 수많은 사람들에게 제공할 수 있을 것인가는 우리에게 남겨진 숙제이다. 백신과 치료제 개발에 막대한 투자를 한 기업의 입장과 국가들의 제각기 다른 셈법이 맞물려 일방적이며 불평등한 분배 상황이 초래된다면 이는 자칫 부유한 국가와 빈곤한 국가의 갈등뿐만 아니라 한 국가에서 역시 계층 간 갈등과 충돌 현상을 심화시킬 것이다.

이 글에서 살펴보았던 무력충돌로 인한 '인간 대 인간' 또는 '국가 대 국가'의 갈등은 끊이지 않았던 전쟁으로 말미암아 참담했던 인류 역사를 되풀이하지 않기 위해 국가들이 합의하여 채택·적용하고 있는 여러 국제법 원칙과 규칙을 통하여 그 해결의 실마리를 찾고 있음을 보았다. 2025년 현재 우크라이나와 중동지역의 분쟁은 계속되고 있지만 언젠가 종식된다면 '전환기적 정의'에 따라 가해자의 처벌과 피해자 구제가 이루어지리라 믿는다. 이에 반하여 불평등 해소는 전혀 불가능하지는 않겠지만, 각 국가와 국제사회의 끊임없는 노력과 상호 이해를 통해야만 비로소 화해와 평화로 가는 길이 열린다고 본다. 2025년부터 전세계의 경제질서를 혼란에 빠뜨리고 있는 관세전쟁의 당사자인 국가들이 만족할 수 있는 해법을 찾는 길 역시 마찬가지일 것이다.

인간 대 자연, 또는 현세대와 미래세대 간의 갈등을 야기시키는 기후변화와 자연자원의 남용과 훼손의 완화문제는 한 국가의 노력만으로는 불가능하며, 국제공동체의 집단적 합의에 의한 효율적인 이행을 통하여 중장기적인 해결책이 마련될 것이다. 특히 미래세대의 갈등과 분쟁의 씨앗은 바로 현세대에게 있다는 점을 명심하여 미래세대를 위한 배려는 더 이상 늦기 전에 이루어져야 함은 매우 분명하다. 이 글을 읽는 독자들에게 부탁하고 싶은 것은 현재 진행형 중인 지역적 또는 전세계적 위기와 갈등에 대하여 보다 많은 관심을 기울이고 더 나아가 슬기로운 해법을 모색하는데 동참해주길 바란다.

지은이 **박기갑**

박기갑 교수는 1957년생으로 고려대학교 법과대학 법학과에서 학사, 석사과정을 마치고 프랑스 파리 제2대학으로 1983년 유학을 떠났다. 유학 중이던 1988년에는 네덜란드 헤이그 국제법 아카데미에서 한국인 최초로 디플롬을 획득하였고, 이듬해인 1989년 법학박사학위를 받았다. 그의 박사학위논문은 그해의 최우수 논문으로 선정되어 프랑스 정부 지원을 받아 출판되었다. 1990년 봄 귀국하여 춘천 한림대를 거쳐 고려대 법대/법전원에서 도합 32년 6개월 동안 국제법을 가르쳤다. 그의 관심 분야는 국제법의 모든 분야에 걸쳐있으며, 고려대학교 일반대학원에서 160여명의 제자를 길러내었다. 2022년 8월말 정년퇴임하여 2023년 봄부터 베트남 하노이 국립대에서 한 학기씩 재능기부를 하고 있다. 그는 한국 정부 대표단 일원으로 많은 국제회의에 참가하였으며, 2012년부터 2022년까지 유엔 국제법위원회 위원으로 당선되어 국제법의 발전과 성문법전화 작업에 기여했다. 또한 그는 원자력법에도 정통하여 국제원자력기구(IAEA), 경제개발협력기구(OECD) 등에서도 활동하였다.

# 국제공동체 화해와 평화의 길

초판 발행 1쇄  2025년 10월 24일

| | |
|---|---|
| 지은이 | 박기갑 |
| 펴낸이 | 김현종 |
| 기획·마케팅 | 김수림 |
| 펴낸곳 | (주)좋은열쇠(Bonne Clef) |
| | (03008) 서울시 종로구 평창길 31 A-302 |
| | www.bonneclef.com |
| | goodkey@bonneclef.com |
| | 070-8615-1847 |
| | 등록 제2023-000141호 |
| 찍은곳 | (주)대한프린테크 |
| ISBN | ISBN 979-11-993209-1-8  03300 |

값 9,500원

※ 잘못 만들어진 책은 바꿔 드립니다.